LES ENSEIGNEMENTS DE L'HISTOIRE IMPARTIALE

SAINT BERNARD

SON BERCEAU — SA VIE — SES ŒUVRES

ÉTUDE HISTORIQUE ET SOCIALE

ÉCRITE A L'OCCASION DU CENTENAIRE DU MOINE DE CLAIRVAUX
CÉLÉBRÉ A DIJON LES 14, 15, 16 ET 17 JUIN 1891

PAR

PHILIPPE

Rédacteur en Chef du Journal LE PETIT DIJONNAIS

Prix : 50 Centimes

DIJON

BERTHOUD, IMPRIMEUR-ÉDITEUR, 15, RUE BOSSUET

—

JUIN 1891

LES ENSEIGNEMENTS DE L'HISTOIRE IMPARTIALE

SAINT BERNARD

SON BERCEAU — SA VIE — SES ŒUVRES

ÉTUDE HISTORIQUE ET SOCIALE

ÉCRITE A L'OCCASION DU CENTENAIRE DU MOINE DE CLAIRVAUX
CÉLÉBRÉ A DIJON LES 14, 15, 16 ET 17 JUIN 1891

PAR

PHILIPPE

Rédacteur en Chef du Journal LE PETIT DIJONNAIS

Prix : 50 Centimes

DIJON

J. BERTHOUD, IMPRIMEUR-ÉDITEUR, 15, RUE BOSSUET

—

JUIN 1891

SAINT BERNARD

SON BERCEAU, SA VIE, SES ŒUVRES

AVANT-PROPOS

Nous n'appartenons pas à la religion catholique. Nous ne croyons ni en son Dieu, ni en son Diable. Ses dogmes constituent pour nous une Charte d'un autre âge, absolument incompatible avec les besoins et les nécessités de la société contemporaine, en contradiction flagrante avec toute la science actuelle et la morale qui en découle.

Mais, nous devons à tous les hommes sincères, à quelque opinion, à quelque secte qu'ils appartiennent, de quelque doctrine qu'ils se réclament, l'impartialité loyale et haute qui est faite de justice et sans laquelle la démocratie ne saurait évoluer pacifiquement vers ses nouvelles destinées.

Or, saint Bernard fut incontestablement un grand esprit, un homme de justice dans toute la force du

terme, et si la Foi obscurcissait souvent en lui la
Raison, la conviction sincère qui dictait ses actes et
l'énergique volonté intérieure qui les accomplissait en
firent un lutteur de haute stature, un caractère rare
et qu'il est intéressant de suivre et d'apprécier en
dehors de toute passion religieuse.

C'est avec ces sentiments philosophiques que nous
allons aborder ici, à l'occasion des fêtes catholiques
qui se donnent actuellement à Dijon, l'étude histo-
rique, sociale, aussi consciencieuse que les documents
que nous avons réunis nous le permettront, de cette
existence agitée, troublée, violente s'il en fut, de notre
grand ancêtre Bourguignon.

]

SON BERCEAU

Saint Bernard est né, il y a huit cents ans, en
1091, au cœur de la Bourgogne.

« Dans cette Bourgogne où tout est sourire et Saité,
où les vignes se saoûlent de soleil, où les vallées sont des
jardins et les collines des mottes de terre couvertes de
verdure, dans ce pays où la nature n'a pas voulu être
plus grave qu'il ne convient en un joyeux cellier, s'élève
une côte nue, rocheuse, où les arbres de la montagne
font de grandes ombres, et où la vigne n'ose pas
grimper.

« La roche s'appelle Fontaine-lès-Dijon ; à ses pieds est
un village tout noir, aux rues tortueuses comme les
branches d'un vieux cep, et tout en haut, en face des Alpes
lointaines, dominant les grandes plaines, s'élève un nid
de gentilhommes, château de belle mine, fait pour être vu
de loin et voir de loin.

« Le temps et les hommes ont ruiné, restauré, trans-
formé cette demeure, de telle sorte que l'on se demande
si elle est une forteresse, un monastère ou une église.

« On a si bien enchâssé les murs vieillis et croûlants
qu'ils sont revêtus d'un édifice neuf. Si l'on fouillait la
terre rocheuse autour du château, on trouverait peut-être
des rapières et des fers brisés...

« Là naquit saint Bernard... » (1).

(1) Nous empruntons cette description chaude et pittoresque du
berceau du célèbre moine au livre que M. Jean de Bonnefon vient
de publier chez Dentu : *La Politique d'un Saint*, et que cet auteur a
bien voulu nous adresser, ce dont nous le remercions. C'est une
œuvre de polémiste catholique, écrite avec un certain talent et à
laquelle nous emprunterons des faits et certains détails particuliers,
au cours de cette étude.

La famille de saint Bernard était titrée, et M. de Bonnefon, à qui nous laissons la responsabilité de cette assertion que nous n'avons pu contrôler, ajoute qu'elle s'est perpétuée jusqu'à nos jours par les neveux, et que le comte d'Haussonville, le fin lettré que chacun connaît, en descendrait.

Le père de Bernard s'appelait Tescelin. Il était originaire de Châtillon et seigneur de Touraine.

C'était un soldat, un chevalier comme on en rencontrait à ces époques troublées, servant qui l'engageait, vivant de chasse et de pêche, et qui, si nos recherches sont exactes, avait concouru avec les Capétiens de Bourgogne, aux victoires du Cid et promené sa cuirasse dans le royaume de Castille et sur les côtes portugaises. Malgré sa vie aventureuse, il jouissait, dans son manoir et aux alentours, d'une réputation d'homme juste et probe. — « Jamais il ne fit de tort à personne »

La mère s'appelait Aleth. Elle était fille du seigneur de Montbard. Les chroniques du temps n'en disent rien, sinon qu'elle était brave et forte et d'une grande piété. Son nom revient souvent sous la plume de Bernard qui paraît lui avoir porté une grande affection. Elle eut sept enfants, six garçons et une fille et les nourrit tous de son lait.

Bernard était le troisième des fils de Tescelin. Il est né dans la grosse tour qu'on appelait encore, vers l'an 1400, Tour de Monsieur Saint-Bernard, au fond du cellier qui en était la chambre du rez-de-chaussée. Dès le XVe siècle, cette chambre devint un lieu de pèlerinage. François de Sales vint y prêcher et Jeanne de Chantal s'y recueillir.

La première pierre de la chapelle actuelle fut posée

le 6 janvier 1619, au nom de Louis XIII, par
Roger de Bellegarde, duc et pair, grand écuyer de
France.

Voici à quelle occasion : On était alors en pleine
période de sorcellerie. Les femmes passaient le jour
assises sur les tombes et le soir venu allaient au sabbat
danser, les cheveux au vent et jeter des sortilèges.
C'est à cette époque qu'on mangeait les enfants en
hachis et qu'au dessert on suçait les os des sorcières
déterrées.

Tout avait une cause surnaturelle. Les cerveaux
étaient dans un détraquement inoui, amené par trois
cents ans de fanatisme religieux et de surexcitations
mystiques. L'assassinat d'Henri IV par l'homme des
jésuites, les persécutions contre les protestants qui
s'étendaient de toutes parts et prenaient ce caractère
sauvage que caractérisait si bien l'enlèvement des
enfants dans toutes les familles « parpaillottes », tout se
réunissait pour énerver les esprits et les disposer aux
croyances les plus saugrenues.

La reine, Anne d'Autriche, fort jolie alors, était très
négligée du roi. Louis XIII jouait aux combats d'ani-
maux, faisait de l'escrime, chassait et ne portait aux
femmes nulle attention. Il ne songeait même pas qu'il
était marié.— « Ce solitaire, dit Michelet, n'avait besoin
que d'un camarade.» — Et naturellement Anne d'Autriche ne devenait pas grosse.

Louis XIII qui, cependant, voulait un héritier,
chercha midi à quatorze heures et, passant par Dijon,
demanda un Dauphin aux mânes de Saint-Bernard,
lui promettant une chapelle sur son berceau à Fontaine-lès-Dijon si son vœu était exaucé.

Pour faciliter la tâche de Saint-Bernard, enterré depuis trois siècles et qui n'avait jamais eu tant de folichonnerie en tête, le confesseur du roi rapprocha son auguste pénitent si près et si souvent de la reine, que *Le Mercure*, la première gazette de France, publia le fait pour la grande joie du royaume, et que l'ambassadeur d'Espagne crut devoir conter dans ses dépêches à son gouvernement, ces saints et nombreux rapprochements.

La reine devint grosse. Elle fit une fausse-couche, mais la chapelle n'en était pas moins due.

« Le monument, dit M. de Bonnefon, fut digne de son royal fondateur comme de son illustre patron. Le sanctuaire fut la chambre même d'Aleth. Deux coupoles élégantes en forme de couronnes royales s'élevèrent sur seize colonnes de marbre et formèrent deux chapelles. La première porte le chiffre de Louis XIII, la seconde celui d'Anne d'Autriche et toutes deux sont ornées de fleurs de lys finement sculptées. Au fond, deux petits oratoires sont taillés dans le vieux mur épais; en face, trois portes s'ouvrent sur les tribunes royales. »

La chapelle fut construite; mais l'enfant qu'eût, douze ans plus tard, Louis XIII d'Anne d'Autriche, ne peut guère être rapporté à l'intervention de Saint-Bernard, bien que M. de Bonnefon affirme que la reine vint l'en remercier, en 1638, après son accouchement. — Mademoiselle de Lafayette en pourrait dire plus long que lui à ce sujet.

C'est cette jeune fille de dix-sept ans, qui, certain soir de janvier 1638, ramena le roi au Louvre, le fit souper et coucher avec la reine. Le roi ne s'en alla que le matin et, « quand la reine se leva pour dîner, dit

Michelet, un supérieur de moines se trouva sur la route pour lui annoncer que, la nuit, un simple, un bon frère lai avait su par révélation ce bonheur de la France. Et il lui dit en souriant : « Votre Majesté est enceinte ».

L'enfant fut Louis XIV et, en somme, Saint-Bernard n'a pas à regretter de n'avoir en aucune façon participé à la confection de celui qui signa la Révocation de l'édit de Nantes et, pour ses favoris et ses maîtresses, saigna la France aux quatre veines.

La mémoire de l'illustre moine n'en souffrira pas. Une fois, paraît-il, Louis XIV monta à Fontaine, puis la chapelle redevint un simple lieu de pèlerinage où les mendiants allaient accrocher leurs béquilles.

La Révolution détruisit la grosse tour, mais respecta la chapelle. « Sous la voûte aux armes de France, une forge fut établie. Sous la voûte aux armes d'Autriche, une écurie succéda au cellier... »

En 1840, un abbé Renaud tenta une première restauration de la chapelle et les pèlerinages recommencèrent. En 1870, un boulet allemand traversa l'abside et vint éclater au pied de l'autel. Enfin en 1881, sous l'impulsion de M. de Bretennières, les restaurations s'accumulèrent et la chapelle de Saint-Bernard sera demain classée parmi les La Mecque de France, comme un pèlerinage d'attraction pour les catholiques, ni plus ni moins que La Salette et les cryptes du Sacré-Cœur à Montmartre.

II

SA VIE

« Je n'ai eu pour maîtres, a écrit Bernard, que les
hêtres et les chênes des forêts ». — Au milieu des
petitesses, des étroitesses, des étranglements de notre
vie civilisée, au milieu des mille et un soucis, des
préoccupations incessantes et diverses qui sont la conséquence des agglomérations urbaines et de la facilité
toujours plus grande de communication des hommes
entre eux, nous ne pourrons bientôt plus nous rendre
compte du développement large et fort qu'à une cer-
taine époque, peu lointaine encore, pouvait prendre
une nature humaine bien pondérée, cherchant sa vie
matérielle et morale dans la solitude des éléments, au
milieu des arbres et des fleurs, — par les frimas des
hivers, sous les ardeurs des étés.

La note caractéristique du XIXᵉ siècle, conséquence
de la mêlée toujours plus étroite et plus serrée des inté-
rêts humains, est certainement l'abaissement — par le
frottement — des caractères. Nous sommes obligés de
nous observer de si près, de mesurer avec une telle
précision nos rapports que nous perdons, peu à peu,
l'originalité de notre nature étouffée. Nos élans s'étei-
gnent en s'allumant, et nos caractères se polissent, per-
dent leurs rugosités, et s'aplatissent au point de créer
une situation générale, molle, sans énergie, morne
dans le présent, sombre pour l'avenir.

M de Bonnefon voit dans la mère de Saint-Bernard

la cause de son génie : — La cause première, la cause
physiologique peut-être, la pondération des lobes céré-
braux. Mais, l'audace, la vigueur, la ténacité, l'ampleur
de cet esprit juste et souple, nous paraissent plutôt avoir
pris naissance au sein de la grande nature qui fut toujours la source pure où il allait se retremper et
s'abreuver.

Cette vie si remplie a, — comme une bonne médaille,
— deux côtés parfaitement frappés : Bernard agite,
remue le monde politique et social, prêche les peuples,
gourmande les papes, les rois et les puissants, ou bien,
il repose en une cabane bâtie de terre et couverte de
branchages, dans une vallée solitaire. Son existence
monastique, c'est la reprise et la condensation de ses
forces; sa vie publique en est l'écoulement. La nature,
à chaque instant, rappelle son ami qui ne la quitte
jamais que contraint et forcé, et revient à elle comme à
une maîtresse adorée dont il ne s'est arraché qu'avec
violence et le désespoir au cœur.

Bernard a dit vrai : et ce n'est pas nous qui cherche-
rons à affaiblir ce cri de son cœur éloquent : Il n'a eu
pour maîtres que les hêtres et les chênes des forêts.
C'est à leur ombre qu'il a grandi. Ils sont demeurés
les confidents de sa pensée, les régénérateurs de son
génie.

C'est à l'abbaye de Cîteaux que Bernard, en 1113,
après avoir reçu des chanoines de Châtillon une ins-
truction de clerc, commença sa vie d'anachorète, « dans
cette solitude triste où la terre était faite de forêts tom-
bées, sur lesquelles d'autres forêts avaient grandi. » (1).

---

(1) M de Bonnefon.

La règle sévère de Saint-Benoist, chassée de Cluny
par la richesse, le luxe et l'oisiveté, était venue là, plan-
ter sa tente. Les moines de cet ordre avaient conservé
les barbares traditions de ses fondateurs. Pour eux,
le corps, c'était l'ennemi, et la religion catholique
n'aurait produit que cette épouvantable aberration de
l'esprit, cette attaque sotte et folle à la vie, à la reproduction de l'être, que sa condamnation pour immoralité devrait être maintenue jusques dans les profon-
deurs des siècles, dans l'avenir qui la classera parmi les
dogmes honteux, comme dans les replis sombres du passé.

Bernard, à 23 ans, se mêla donc aux *écorchés* de
Cîteaux. « Les macérations de ces moines, dit l'*Anna-
liste*, paraissaient être au-dessus des forces humaines ;
ils étaient à moitié nus, soumis tantôt au plus grand
froid de l'hiver, tantôt à la plus brûlante chaleur de
l'été. Aux travaux pénibles et sans trêve s'ajoutaient les
plus dures pratiques.... Saint Bernard ne se pardon-
nait rien, mortifiant continuellement, par toutes sortes
de moyens, non seulement *les désirs sensuels qui se
glissent dans le cœur par les sens du corps, mais aussi*
LES SENS MÊMES PAR LESQUELS ILS ENTRENT.

.... Ce qui parut bien visiblement en ce qu'après
avoir passé une année entière dans le dortoir des novi-
ces, il ne savait pas, quand il en sortit, si le haut du
plancher était voûté ; et qu'après être entré, durant un
long temps et fort souvent dans l'Eglise, il croyait encore
qu'il n'y avait qu'une fenêtre à l'un des bouts, sans
avoir remarqué en entrant et en sortant qu'il y en avait
trois. Il avait tellement *mortifié sa curiosité* qu'il n'avait
point de sentiments pour de semblables objets. »

Dans notre fin de siècle, où l'observation est la qua-

lité dominante de l'esprit, où la curiosité scientifique
se porte sur et au fond de toutes choses, ces derniers
faits paraîtront d'une niaiserie calculée. Ils sont plus ou
moins authentiques d'ailleurs, et par respect pour saint
Bernard, on nous permettra de ne pas les prendre
à la lettre.

Quant à *la correction des désirs sensuels, qui se glissent dans le cœur par les sens au corps et des sens
mêmes par lesquels ils entrent*, elle était alors en grand
honneur dans les monastères à règle sévère comme
celle des Cisterciens; elle est aujourd'hui condamnée par
les codes de toutes les nations civilisées. Les vœux uni-
formes de célibat des prêtres et des religieux de tout
ordre en ont été la continuation atténuée et considé-
rablement corrigée par les douces et discrètes infrac-
tions des neuf dixièmes des adeptes.

Ils deviennent de nos jours une monstruosité telle,
aux yeux de tous ceux que n'a pas frappés d'aberration
mentale l'éducation des séminaires catholiques, que sans
la lâcheté des gouvernements laïques vis-à-vis des désordres moraux, ils seraient depuis longtemps interdits
et supprimés des engagements pris vis-à-vis des Eglises
sous peine d'annulation des dits, par les Eglises elles-
mêmes, pour cause d'immoralité publique et de folie
contraire au développement social.

Mais, il y a 800 ans, cette vérité n'avait pas l'éclat
qu'elle revêt aujourd'hui et la nuit du moyen-âge l'en-
veloppait si bien qu'elle paraît avoir échappé aux plus
grands esprits du temps. Saint Bernard, dans sa naïveté
d'homme simple, croyait sans doute en l'efficacité de ces
pratiques et loin de s'y dérober, les recherchait et les
propageait avec toute la puissance de son grand exem-

ple et l'entraînement d'une conviction sincère qu'aucune douleur ne pouvait dompter.

Grâce à ces pratiques, — dont le détail ferait aujourd'hui rougir les fronts des plus sceptiques, — la santé physique de Bernard fut toujours très chancelante.

Il ne demeura que deux années à l'abbaye de Citeaux et, ses vœux prononcés en 1115, il s'en alla avec douze camarades « au milieu d'une montagne sombre, dominant une vallée si triste qu'on l'avait surnommée la *Vallée de l'Absinthe.* » C'est là qu'il fonda le monastère de Clairvaux détruit en 1718 par Robert Gassot du D fens, non loin de la Maison Centrale où sous l'Empire blanchissait Blanqui, où, l'an dernier, l'héritier présomptif du tant désiré trône de France recevait les hommages de ses derniers partisans.

A Clairvaux, en 1116, les privations, macérations et mortifications de Bernard furent telles qu'il dut être transporté dans un pavillon séparé et condamné au repos. Son biographe Guillaume de Chateauthierry raconte ainsi une visite qu'il lui fit : « Je le trouvai, dit-il, dans sa loge semblable à celles des lépreux sur les grandes routes.... Nous mangeâmes avec lui, pensant que l'on traitait avec tout le soin possible un homme si faible et si malade..... Mais voyant que, par l'ordre de son médecin, on lui présentait des viandes dont un homme bien sain et que la faim presserait extrêmement, aurait à peine voulu manger, nous conçumes une espèce d'indignation et il nous fut fort difficile de demeurer dans un silence régulier et de nous retenir de lui témoigner notre colère par des injures, comme contre un homicide. Mais, quant au saint qu'on traitait si mal, il prenait tout avec une entière indifférence et trouvait toutes choses également bonnes, *ne pouvant plus juger de la qualité des viandes* parce que son estomac était corrompu et qu'il avait presque perdu tout goût. De sorte qu'au lieu de beurre, il mangea, durant plusieurs jours, de la graisse toute crue qu'on lui avait présentée *par mégarde* et but de l'huile pour de l'eau. »

Cette graisse crue qu'on présente à Bernard, *plusieurs jours de suite* et toujours *par mégarde*, a fait — que mes lecteurs en soient assurés — le tour du monde catholique et, — depuis la révélation de Guillaume de Chateauthierry, — toutes les générations de baptisés l'ont eue sous le nez, fumant à la gloire du saint. Ce qui, au nom des notions les plus élémentaires de l'hygiène, ne serait pas toléré chez la plus sale des chiffonnières est, depuis des siècles, présenté aux fervents du Christ comme une éclatante manifestation des sentiments religieux de Bernard.

Et vous ne trouverez pas une soutane en France qui ne tombe en catalepsie admirative devant cette résignation *toute chrétienne.*

Ce côté honteux et sot de la vie de Bernard est précisément celui que les catholiques exaltent le plus souvent, vraisemblablement pour qu'on y prête moins d'attention, comme il arrive pour les histoires cent fois entendues et qui finissent par ne plus laisser que du son dans les oreilles.

Dans les louanges de la nouvelle Milice des Templiers, qu'il écrivit quelques années plus tard, Bernard trouve — avec l'apôtre (?) — que c'est une honte pour un homme de soigner sa chevelure, de se baigner souvent, de ne pas laisser sa barbe inculte et hérissée et ses membres couverts de poussière et noirs de la crasse qu'y laisse le frottement de la cuirasse. Et cependant la règle de Saint-Benoît recommandait l'usage de bains fréquents, de même qu'elle prescrivait par jour au moins deux plats cuits et, selon la saison, des fruits ou des légumes nouveaux.

C'est à Clairvaux que Bernard soutint, pendant quarante années, la vie de douleurs corporelles et de privations qu'il s'était imposée. C'est de là que sa renommée s'éleva et que son autorité s'imposa bientôt à toute l'Eglise. Il y mourut à 63 ans.

« Rien ne put l'arracher de Clairvaux, dit Michelet ; jamais il ne voulut être autre chose qu'un moine. Il eût pu devenir archevêque et pape. Forcé de répondre à tous les rois qui le consultaient, il se trouvait tout puissant malgré lui et condamné à gouverner l'Europe... Mais ce n'était pas là ses plus grandes affaires ; ses lettres nous l'apprennent. Il se prêtait au monde et ne s'y donnait pas : son amour et son trésor étaient ailleurs. Il écrivait deux lignes au roi d'Angleterre et dix pages à un pauvre moine. Homme de vie intérieure, d'oraison et de sacrifice, personne, au milieu du bruit, ne sut mieux s'isoler. Les sens ne lui disaient plus rien du monde. Il marcha, dit son biographe, tout un jour le long du lac de Lausanne, et le soir demanda où était le lac. »

« C'était un esprit plutôt qu'un homme qu'on croyait voir quand il apparaissait avec sa barbe rousse et blanche, ses blonds et blancs cheveux, maigre et faible, à peine un peu de vie aux joues. Ses prédications étaient terribles ; les mères en éloignaient leurs fils, les femmes leurs maris ; ils l'auraient tous suivi aux monas-

tères. Pour lui, quand il avait jeté le souffle de vie sur
la multitude, il retournait vite à Clairvaux, rebâtissait
près du couvent sa petite loge de ramée et de feuilles,
et calmait un peu dans l'explication du Cantique des
Cantiques, qui l'occupa toute sa vie, son âme malade
d'amour. »

Ces quelques lignes de notre grand historien fran-
çais résument toute la vie de Saint-Bernard.

Dans une lettre que le célèbre moine écrivit à un
certain Murdach, nous retrouvons d'ailleurs sa pensée
dominante ; elle se dégage dans une clarté poétique :

« Experto crede ; aliquid amplius in silvis invenies
quam in libris. Ligna et lapides docebunt te quod a
magistris audire non possis... An non montes stillant
dulcedinem, et colles fluunt lac et mel et valles abun-
dant frumento? » (1).

Saint-Bernard était donc bien l'homme de la nature.
Il fut toute sa vie un moine distrait et contemplatif,
ermite par goût, prêcheur par tempérament, démocrate
juste et tribun par circonstance. Faites-le naître sept
siècles plus tard, et cet apôtre du mysticisme pur et de
la foi échevelée aurait signé les *Ruines* et voté la mort
du Roi... *par conscience.*

---

(1) En voici la traduction française :
« Crois en mon expérience. Tu trouveras dans les forêts plus de
profondeur que dans les livres. Les bois et les rochers t'apprendront
ce que des professeurs ne sauraient t'enseigner. Est-ce que les mon-
tagnes ne distillent pas la tendresse? Est-ce que le lait et le miel ne
coulent pas des collines? Est-ce que les vallons ne regorgent pas de
blé? »

III

SES ŒUVRES

L'idée qui domine l'esprit de saint Bernard, c'est l'idée de Réforme. Et pourtant, ce qui caractérise son œuvre, c'est moins la puissance de la logique et l'entrainement de la déduction que le retour en arrière et l'exposition ardente de la tradition.

Ce merveilleux lutteur emprunte toutes ses armes au vieil arsenal. Il les épuise : il n'en forge pas de nouvelles.

Il n'a qu'une pensée : ramener les siècles en arrière, reconstruire l'Eglise sur les Evangiles, la relever par l'austérité des mœurs et le mépris des richesses. Il sent que le luxe et l'oisiveté, dans les monastères et dans les couvents, ouvrent toute grande la porte des abus. Il voit le glissement fatal, l'irrémédiable descente. Courageusement il se met en travers et crie sans relâche aux ecclésiastiques : ces scandales n'iront pas plus loin ou il faudra me passer sur le corps ! — et sa valeureuse ténacité les arrête et les fait reculer.

Ecoutez-le dans sa fameuse lettre au pape . « Quis mihi det antiquam moriar... qui me donnera de voir avant de mourir l'Eglise de Dieu redevenue ce qu'elle était aux jours anciens, quand les apôtres jetaient leurs filets, *non pour prendre de l'argent ou de l'or*, mais pour pêcher des âmes. Que je désire qu'héritant, vous aussi, de la voix de celui dont vous occupez le siège, vous disiez : Ton argent périsse avec toi ! »

Ce moine ascète, qui n'avait pas même le sentiment du confortable dans la vie, ne rencontre nulle part le luxe et l'élégance sans être indigné et sans appeler sur ceux qui en jouissent la malédiction du ciel.

Alors il devient tribun : « L'or abonde sur les harnais de vos chevaux, dit-il aux évêques (1) ; j'aurais beau me taire sur ces désordres et la Cour de Rome aurait beau les dissimuler, la misère du pauvre, la faim à laquelle il est réduit, est une voix publique qui crie et se fait entendre partout. Les pauvres qui n'ont rien et que la faim presse se lamentent et s'écrient : « Tandis que nous souffrons misérablement du froid et de la faim, dites-nous, prélats, que fait l'or sur vos brides? — Vous nous arrachez cruellement ce que vous dépensez en frivolités ! Toute notre vie s'écoule pour vous procurer le superflu! » l'évêque ne doit pas avoir de repaire comme le renard ; il doit aimer les pauvres, les nourrir, les aider dans le besoin et dans la misère. Au contraire il pressure le peuple pour s'enrichir et ses prêtres ne limitent plus leurs exigences. »

Voici le portrait ironique et amer qu'il trace de la cour de Rome dans le même traité : *Du devoir des Evêques* : « La cour de Rome aime les présents. Elle est avide et intéressée. Je parle ouvertement de ce qui n'est que trop public. Je ne révèle pas son infamie ; je ne fais que la lui reprocher. Que me servirait de taire une comédie qu'on joue, dans cette cour, à la face de l'Univers? — Qu'y a-t-il de plus indigne pour un pape que d'être absorbé par de viles occupations? — Ce sont des voleurs, des ambitieux, des avares, des simoniaques,

---

(1) Epist. 42 : *De officio Episcoporum.*

des incestueux, des sacrilèges, des *concubinaires* qui
l'entourent. Il en est qui n'ont appris à leur langue
qu'à dire le mensonge, qui parlent contre la justice, qui
sont savants en fausseté. L'Eglise est pleine d'ambitieux ! »

Dans son *Apologia ad quemdam amicum nostrum*,
saint Bernard entre dans de curieux détails sur la gour-
mandise des prêtres : « Pendant que l'on traîne en lon-
gueur de frivoles entretiens, les mets se succèdent ;
et, pour se dédommager de l'abstinence de la viande,
on sert à table de *grands corps de poissons à double
rangée*. Êtes-vous rassasiés des premiers, on vous présente les seconds qui font oublier les précédents ; car
l'adresse du cuisinier consiste à les assaisonner de telle
sorte, par des sauces diversifiées selon les espèces, que
les uns n'empêchent pas qu'on ne mange des autres,
de façon qu'après avoir dévoré quatre ou cinq plats,
l'estomac est rempli sans que la satiété ait diminué
l'appétit. Qui pourrait dire aussi de combien de façons
les prêtres apprêtent les œufs? On les tourne, on les
retourne, on les délaye, on les durcit, on les hache, on
les frit, on les rôtit, on les fricasse, on les farcit ! ....
Quant à boire de l'eau pure, qu'en dirai-je, puisqu'on
n'en met pas même dans le vin ? »

Au fond de saint Bernard régnait, en somme, un
cœur de démocrate. Dans toutes ses luttes, il eut pour
visée l'élévation des petits et l'abaissement des grands.
Sans doute, il était imbu, pénétré du dogme catholique.
Il prêchait la charité plus que la solidarité ; mais il
avait le courage indomptable des égalitaires. Il donnait
des leçons aux grands de la terre. Il les attaquait à
visage découvert, démasquait leurs mensonges et leurs

passions. Il montrait à nu leurs plaies et les forçait, souvent, à les panser et à les guérir. C'est ainsi qu'il transforma Henri de Sens, prélat de fort mauvaises mœurs, en prêtre austère. C'est ainsi qu'il réforma Cluny et chassa l'orgie de l'abbaye royale de Saint-Denis, où s'étalaient, sous la direction de l'abbé Suger, plus tard ministre du roi, le luxe, la débauche et la concussion. Suger devint, du reste, le disciple le plus fervent du moine de Clairvaux et racheta ses péchés de jeunesse par un patriotisme ardent et une existence correcte et digne.

La vigueur intellectuelle de saint Bernard, est toujours organisatrice Il sape et reconstruit en même temps, et son ardeur à édifier est plus grande encore que son tempérament destructeur des abus.

Quelle leçon, cette existence de moine donne à tous ces républicains de France qui, depuis 1870, se sont substitués aux serviteurs de Bonaparte dans toutes leurs fonctions grasses, dans toutes les sinécures inventées par le favoritisme et le privilège. Qu'ils aient le courage impartial de comparer leur vie à la sienne, leur vie paresseuse et louche, égoïste dans la mœlle, sans autre but que la jouissance du moment, sans préoccupation d'avenir, sans but grand, généreux et humain...

Ce moine ne prêchait pas le *statu quo* et l'opportunisme ne l'aurait ni corrompu ni entraîné dans ses intrigues financières, ses entreprises borgnes et ses descentes de conscience.

Bernard était homme d'action, comme Blanqui, son successeur à Clairvaux, comme tous les illuminés, comme tous ceux qui cherchent l'idéal et ne s'arrêtent pas tant qu'ils peuvent s'en rapprocher un peu plus.

.
. .

C'est à son génie actif, à sa conception nette et puis-
sante de l'effort utile qu'est due toute l'étonnante légis-
lation de ce mystérieux ordre des Templiers qui fut
comme l'expression condensée du moyen-âge, sa poésie,
son produit le plus élevé, l'enfant le plus grand et le
mieux venu de cette singulière époque.

Né en 1118, cet ordre se recrutait à peine quand
saint Bernard comprit tout le parti que l'Occident catholique pouvait en tirer. Chargé d'en rédiger les sta-
tuts, la règle, il y mit tout son soufle, toute sa bravoure
et toute sa poésie. « Elle forme, dit avec raison M. de
Bonnefon, le plus merveilleux mélange de vie che-
valeresque et de rêve monastique qui puisse sortir de la
pensée humaine. »

Cette règle annihile la raison, consacre et reconnaît
les dogmes les plus fous, les plus contraires aux lois
naturelles, annule la volonté humaine au profit de la
collectivité catholique, mais il s'en dégage un tel élan
de sincérité et de bonne foi, un tel mélange de conviction absolue et d'enthousiasme ardent qu'on se prend
à admirer cet édit de discipline et d'obligations sévè-
res, comme on se prend à saluer la sanglante épopée
napoléonienne, quelque jugement qu'on porte d'ailleurs
sur ses origines, sa marche et la ruine des peuples qui
en fut la conséquence.

On a prétendu que cette règle n'était pas l'œuvre
de Bernard, qu'il n'y avait que coopéré. Nous en avons
le texte sous les yeux, et plus nous en sondons les expressions, et plus nous en étudions le tour et le fond, et plus
nous pensons qu'elle est bâtie sans addition ni rature,

par la seule main du moine bourguignon. C'est comme
sa profession de foi, son testament catholique. C'est la
proclamation savante, large et simple du général en
chef au début d'une campagne qu'il sait devoir être
longue et périlleuse.

Cette règle est de Bernard, auteur indiscutable de
« *l'Apologie* » comme l'Odyssée est d'Homère, l'auteur
indiscuté de « l'Illiade ».

Et, chose singulière : de même que Jeanne d'Arc
était hier exaltée par les successeurs de ceux-là même
qui avaient allumé son bûcher, de même saint Bernard se trouve, à Dijon, dans ces fêtes qu'on y célèbre
à l'occasion de son centenaire, la proie des successeurs de
ces prêtres qui ont étouffé son enfant, qui ont étranglé
l'ordre des Templiers sous le poids de leurs déposi-
tions (1) ; la proie des successeurs immédiats de ces
inquisiteurs féroces et lourds que l'Espagne avait fondus
et rivés à la papauté, et qui, dès la fin du XIIIᵉ siècle,
avaient accroché Basile à l'Eglise comme aujourd'hui
on accroche le juif à la République.

Les Templiers furent aux Jésuites ce que le lion est
à la taupe. Pour vivre, ceux-ci devaient tuer ceux-là.
L'Inquisition brûla le Temple.

Les Jésuites, dont ce crime permit l'essor, glorifient
aujourd'hui sans pudeur, pour les besoins de leur do-
mination, l'organisation de ceux qu'ils égorgèrent. C'est
dans l'ordre. Saint Ignace le veut ainsi.

Nous l'avons dit : saint Bernard n'est pas des nôtres.
Mais c'est un poète au vol large et puissant. Il est le
Dante du monastère. Il n'a rien fait pour être encensé

---

(1) L'histoire les a d'ailleurs reconnues mensongères.

par les princes de l'Eglise, par ces grandeurs dorées,
ces éminences bouffies, ces cardinaux rentés, chamar-
rés de titres et d'orgueilleuses qualités, dont les noms
s'étalent en grand apparat aux étalages des librairies
religieuses.

Saint Bernard eût chassé tous ces vendeurs de son
temple, tous ces pharisiens de son Eglise.

⁂

L'effort le plus violent du moine de Clairvaux, celui
qui étendit le p'us loin sa renommée, fut sa prédication
de la seconde Croisade. Mais la roche Tarpéienne est
près du Capitole et pendant les dernières années de sa
vie, Bernard porta tout le poids de l'insuccès de cette
douloureuse équipée militaire.

C'est à l'assemblée de Vézelai, — où il se rendit à
la prière du pape, — que sa parole ardente entraîna
l'adhésion du roi et des principaux seigneurs de France.

Le roi était très hésitant. Son ministre Suger faisait
les plus grands efforts pour détourner ses yeux de
l'Orient. Et il n'est pas bien sûr que Bernard lui-
même ne fût pas exempt d'inquiétudes sur le sort de
cette grosse aventure. Mais le pape avait parlé et le
fondateur de Clairvaux obéissait au Pontife avec l'ardeur
et la foi qu'il recommandait lui-même à tous les catholiques du royaume.

Au surplus, il brûlait de voir aux prises avec l'Infi-
dèle ses moines chevaliers, ses beaux Templiers au manteau blanc troué de la croix rouge, ses grenadiers
superbes qui, — comme ceux de la grande armée pour
Bonaparte, — formaient pour lui la réserve infranchis-
sable, le mur qu'on n'escalade pas, le carré qu'on ne
peut entamer.

Il lui semblait, à ce poète illusionné, que la seule vue de cet escadron d'élite allait frapper les peuples d'Orient d'une telle terreur superstitieuse que la délivrance des lieux saints se ferait sous la forme grandiose d'une entrée triomphale.

Sa parole fut si ardente, sa conviction si entraînante, que les croisés, le roi lui-même, voulurent lui donner la direction de la grande chevauchée et le proclamèrent, à Chartres, leur généralissime.

Saint Bernard, fidèle au désintéressement de toute sa vie, déclina ce périlleux honneur. Il voulait bien enflammer les âmes. Mais il ne lui appartenait pas de conduire les corps. L'extermination n'était plus dans son rôle, — il savait obéir, non commander.

Pendant que, tout à son apostolat, il parcourait les provinces de France, il apprit que, — sur les bords du Rhin,— les populations aveugles et cruelles préludaient à l'expédition par le massacre des juifs. Il écrivit aussitôt à l'archevêque de Mayence ; il écrivit au peuple et au clergé de ce pays : « Il ne faut pas poursuivre les juifs ; il ne faut ni les exiler ni les mettre à mort. Ils ont été dispersés dans toutes les régions du monde en châtiment de leur forfait, et à la fois pour être les témoins de notre Rédemption ; ils se convertiront à la dernière heure. »

Et lui-même passa en Allemagne où il arrêta les persécutions sémitiques.

Ce trait est spécifique. Il proclame la hauteur d'esprit de saint Bernard et la générosité de son cœur. Ce moine voit le but. Rien ne l'en détourne. Mais sa conscience voit en même temps la justice et il ne veut pas greffer le crime sur la vision rayonnante. Le *Crois-*

sant, voilà le coupable. Le *Ghetto*, c'est un refuge. Sus
au Croissant. Respect au Ghetto ! — Un Juif l'en remer·
cia plus tard, en 1848, en enlevant, à Dijon, sa statue
de la place où elle était érigée.

.
. .

A Constance, à Bâle, à Fribourg, à Mayence, à
Cologne, à Strasbourg, il fit « le vide des hommes ».

Il restait, — raconte-t-il lui-même dans une de ses
lettres, — à grand'peine un vieillard ou un adolescent
pour sept femmes en floraison ! — Michelet, qui est
malin, croit que Bernard a exagéré. Le mépris profond
que le moine de Clairvaux exprime partout pour la plus
jolie moitié du genre humain nous dit assez que ce tour
qu'il lui joua ne dut pas le laisser indifférent. Le Turc
et la femme étaient les ennemis naturels de ce chaste
catholique. C'est la femme qui le tourmente à vingt
ans; ses grâces et ses charmes l'attirent, le troublent
et l'obligent à des *mortifications* douloureuses qui
ruinent sa santé et le conduisent trois fois aux portes du
tombeau.

Pour cet esprit, le corps n'est qu'une enveloppe à
déprimer et la vie ne doit pas l'atteindre. L'hystérie
religieuse est si développée dans son cerveau qu'elle
engage un duel à mort à ses sens et qu'elle en triomphe
toujours. Mais ce duel n'a pas lieu sans efforts surhu-
mains, sans blessures aiguës, sans souffrances physiques
intolérables. Et la guenille de ce Diogène, déchiquetée,
lacérée, pincée, mordue, n'en crie pas moins sous le
scalpel, sous les ongles, sous les pinces, sous les
dents.

Aussi, pour cette grande victime de la religion catholique, quelle joie sans mélange de cueillir une ven-

geance humaine au milieu de l'œuvre sincère qu'il accomplit ! Avec quelle satisfaction son esprit devait savourer son triomphe ! — Comment, lui simple moine, il arrachait l'amant à l'amante, le mari à l'épouse, et les entraînait l'un et l'autre hors du lit de souillure et de honte ! — Car, pour saint Bernard, comme pour tous les fervents adeptes de cet étrange dogme catholique anti-humain, anti-social, que les gouvernements tolèrent parce qu'ils vivent de la discipline qu'il répand, de la passivité qu'il propage, de la bêtise qu'il éternise, — la fonction la plus noble de l'être, celle qui devrait être l'objet de ses soins les plus réfléchis et les plus assidus, celle dont l'étude sous toutes ses faces devrait être à la base de toute éducation, la fonction de la reproduction de l'espèce, celle qui fait la race, l'embellit ou la ruine, l'élève ou l'abaisse, la tord ou la redresse, celle qui paraît être le suprême but de la nature, cette fonction simple dont l'accomplissement est à peu près la seule joie de l'humanité sous l'accablement de ses soucis et de ses travaux, cette fonction universelle de l'être vivant, est méprisée, honnie, conspuée, condamnée comme immorale, impure (?), immonde souillure, elle qui est au contraire l'origine de toute morale, puisqu'elle continue la vie qui en est la base, dans la suite éternelle des siècles !

Et, chose encore plus incroyable, c'est la femme qui, aujourd'hui encore, paraît surtout être attachée à ce dogme qui la condamne, qui la foule aux pieds, qui la représente comme la créature abjecte, dangereuse, le serpent tentateur, le gouffre de la vertu, le tombeau de la pureté !

Et le philosophe se demande à la suite de quelle aberration mentale, de quel abaissement de raison, de quelle surprise de logique, à la suite de quel effondrement de caractère, de quelle dispersion de sens commun, le prêtre a pu river à son confessionnal cette créature sensible et passionnée que l'amour emporte, soulève et grandit, dont la respiration condamne, à elle seule, la chasteté, — cette ineptie physiologique.

Au surplus, la chasteté des ecclésiastiques était alors d'invention récente, et datait à peine de la naissance de Bernard.

En 1079, il y avait encore en Bretagne quatre évêques mariés : ceux de Quimper, Vannes, Rennes et Nantes ; leurs enfants devenaient prêtres et évêques ; celui de Dôle pillait son église pour doter ses filles.

Les femmes des prêtres prenaient alors publiquement la qualité de prêtresses.

D'ailleurs, le canon d'un concile tenu à Tibur permettait le mariage aux prêtres.

Le pape Léon IX, combattit, il est vrai, cette décision.

« Là-dessus, dit Michelet, grande rumeur ; les prêtres s'écrivent, se liguent ; enhardis par leur nombre, ils déclarent hautement qu'ils veulent garder leurs femmes. »

Les moines soutinrent le pape et désignèrent les prêtres à la mort. L'un d'eux, Damiani, s'adressant à leurs femmes leur disait : « C'est à vous que je m'adresse, séductrices de clercs, *amorce de Satan, écume du Paradis*, poison des âmes, glaive des cœurs, huppes, bijoux, chouettes, louves, sangsues insatiables..., etc. »

Le pape, Grégoire VII, alla plus loin encore que Léon IX. Il approuva la castration d'un moine et le fit évêque.

« La femme, dit Michelet, fut honnie comme meurtrière du genre humain : la pauvre Eve paya encore la pomme. On vit en elle la Pandore qui avait lâché les maux sur la terre. Les docteurs enseignèrent que le monde était assez peuplé et déclarèrent que le mariage était un péché, tout au moins un péché véniel ! »

Et c'est la femme, *cette amorce de Satan, cette écume du Paradis, cette sangsue insatiable,* — pour nous servir des expressions monastiques, — qui est, aujourd'hui le soutien le plus ferme de la papauté !

Ce qui tendrait à prouver que plus on la fouette et plus elle est aimable : mieux elle fait risette !

Demandez-le plutôt aux grands seigneurs russes et moldaves.

* *

Mais revenons à la Croisade prêchée par le moine de Clairvaux :

Avant son départ de France, Louis VII supplie Bernard de prendre la direction du Royaume. Le moine répond au roi comme il a répondu à l'assemblée de Chartres. Il aime les bois et les champs. Les honneurs ne vont pas à sa taille. Il désigne Suger comme le plus digne, et la régence lui est conférée. La reine Eléonore, la fière et violente femme que Louis VII avait reçue du comte de Poitiers et d'Aquitaine, accompagne les croisés.

On sait la triste issue de l'expédition. Des deux cent mille hommes qui descendirent le Danube sous la direction de l'empereur d'Allemagne Conrad et du roi Louis

VII, combien revirent leur pays? — Epuisés par les marches, harcelés sans trêve ni repos par la brillante cavalerie turque qui les attaquait à toute halte, coupait leurs convois et détruisait leurs approvisionnements, les malheureux croisés laissèrent sans gloire leurs os sur toutes les routes ; les lieux saints ne furent même pas entrevus. Dès Antioche, la reine Eléonore répudiait le roi et préférait à « *ce moine sans virilité* » un bel esclave sarrazin. Louis VII revint en France après avoir subi toutes les hontes et épuisé toutes les humiliations. Dès son retour, la belle Eléonore obtint le divorce du concile de Beaugency et Louis VII qui s'y soumit perdit du même coup le Poitou et l'Aquitaine.

« Le monde ne pardonne pas les échecs, surtout au génie ; l'opinion se déchaîna violente contre l'homme qui avait prêché la Croisade ; le sang des chrétiens fut jeté à la figure pâle du moine de Clairvaux. » (1).

La seconde croisade date de 1147. Le pape était alors un moine du monastère de Clairvaux, un disciple de Bernard, Eugène III. Pour comprendre l'élévation sur le Saint-Siège de cet homme obscur et simple, qui ne fut à Rome qu'un écho affaibli des doctrines de Clairvaux, et dont l'influence ne survécut guère au retour des croisés, il faut remonter un peu le cours du XIIe siècle.

En 1130, avant la mort du pape Honorius, les cardinaux, « de crainte, écrit Villefore, que le peuple romain ne troublât l'élection qu'ils avaient à faire », décidèrent qu'ils ne publieraient le décès qu'après

_____

(1) M J. de Bonnefond.

l'élection de son successeur. Ils élirent en conséquence, sous le nom d'Innocent II, un cardinal diacre de Saint-Ange.

D'autres cardinaux contestèrent cette élection, et la considérant comme nulle et non avenue, en raison de sa procédure irrégulière, installèrent sur le trône pontifical un de leurs collègues, Pierre de Léon, sous le nom d'Anaclet II.

Innocent II, vieillard timide et pacifique, violemment attaqué par son concurrent, homme de ruse et de guerre, fils de juif converti, possédant des richesses considérables, fut obligé de passer les Alpes et de demander asile au roi de France.

Le roi hésita, puis, en suite de l'avis de Suger, convoqua le concile d'Etampes. L'abbé de Clairvaux y fut appelé, et les récits qui sont restés des délibérations de cette assemblée, témoignent tous de l'ascendant qu'il y prit, tant par ses travaux empreints d'une impartialité manifeste, que par la grande correction de son attitude et l'entraînement d'une éloquence qui ne tarissait pas et éclaircissait peu à peu tous les points obscurs du débat.

Bernard était lié avec Pierre de Léon. Son intérêt était visiblement de ce côté. La justice était de l'autre : il se prononça nettement pour Innocent II. Le concile d'Etampes, subjugué, charmé, convaincu, à l'unanimité, ratifia son élection. Le moine de Clairvaux accepta la mission de la faire reconnaître dans toute l'étendue du monde chrétien.

Et pendant huit années, le moine infatigable visite les châteaux et les palais de l'Europe occidentale, mettant dans la défense des droits d'Innocent II une énergie extraordinaire, une audace inconnue et une habileté

diplomatique étrange, étant faite de sincérité, d'enthousiasme et de conviction.

A cette époque trouble et confuse, cette lutte droite,
franche, nette, d'un simple moine au profit d'un vieillard sans mérite transcendant, contre un haut et puissant souverain-pontife, disposant d'un trésor et d'une
armée, ayant des féodaux et des alliés non moins puissants et dévoués à sa cause; ce duel sans merci, livré
poitrine découverte par cet ermite à cet empereur, a
réellement une grande allure. C'est, à notre avis, la
gloire de la vie de Bernard, c'est le triomphe incontes-
table de son génie et aucun de ses actes ne laissera
derrière lui plus noble et plus formidable empreinte.

Il ne s'agit pas ici de savoir si Bernard est catholique ou musulman, s'il défend la Croix ou le Croissant, s'il protège Rome ou Paris.

Il s'agit de regarder le siècle, le cadre qui entoure
la scène, d'apprécier, en valeur absolue, la lutte qui,
pendant huit ans, passionne l'Europe, et de juger les
combattants qui la mènent.

Parbleu, de nos jours, on peut bien nommer deux
papes. Les trônes ne chancelleront guère et les peuples
ne frémiront pas.— Les journaux y trouveront à peine
matière à quelques articles qu'on ne lira pas longtemps,
et dont le caractère usera bien vite le fond. Mais alors,
au commencement du douzième siècle, le schisme,
comme on l'appelait, semblait à tous l'abomination de
la désolation. Les peuples se demandaient si le soleil
allait continuer de tourner autour de la terre, car
c'était le temps où le soleil tournait, et Galilée n'ensei-
gnait que trois cents ans après, à Pise, le système de
Copernic.

Eh bien, dans cette lutte, Bernard est merveilleux d'audace, d'entraînement et de caractère. Rien ne le démonte. Rien ne le surprend. Il prodigue les coups, va toujours de l'avant, ne recule jamais, devant rien. Les difficultés s'entassent. Il les aborde en intrépide. C'est comme un zouave terrible à l'assaut. Et à toute cette intrépidité se mêle une noble attitude, une courtoisie de grand seigneur. Il a l'élégance des grands athlètes, le sang des races pures.

Nous ne pouvons entrer ici dans le détail de cette épopée. Pour la faire juger, pour la mettre au point de nos lecteurs et leur démontrer la justesse de notre appréciation, il faudrait, devant eux, ouvrir trop de manuscrits, entasser trop de citations, peindre trop de scènes, remuer trop de cendres.

L'histoire est dure et longue à apprendre, de ces siècles sombres que la civilisation actuelle a rejeté derrière ses flambeaux allumés. Le moyen-âge se dévoile au curieux sous les lueurs vacillantes de torches pâles qu'il faut agiter longtemps et réunir en faisceau.

C'est dans cette clarté fugitive que s'est ainsi dressée devant nos yeux la silhouette grave du moine intrépide qui, pendant vingt ans, fut, sans contestation possible, l'homme le plus considérable de l'Europe occidentale.

Et nous la donnons, cette silhouette, dans toute la sincérité de notre cœur, dans toute l'impartialité de notre vision, telle qu'elle est montée sur notre horizon.

Certes, il est aisé de trouver trop basses les assises de Notre-Dame de Paris, de critiquer les absides de ses bas-côtés, de trouver les gargouilles du Nord trop longues et la tour de l'Est sans grâce et sans élévation. De même, il est commode de démasquer dans le moine de Clairvaux le ridicule de sa foi, la folie de son ascétisme, la raideur de sa discipline, les trous de sa robe de bure.

Mais osez donc toucher à l'ensemble de la cathédrale de Paris, au chef-d'œuvre de la Renaissance, à cet admirable Tout ruisselant d'art que le cerveau de Victor Hugo contenait à grand peine ! Osez donc dire de ce moine qu'il n'était qu'un saint, de cet orateur qu'il n'était qu'un prêtre, de ce tribun qu'il n'était qu'un pître !...

Et d'ailleurs, ce n'est pas en rabaissant les vieux qu'on élèvera les jeunes. Donnons à chaque acteur sa taille et sa prestance. L'éducation de la Démocratie n'en sera que plus saine et plus fortifiée. Qu'importe la grandeur d'une école si la suivante la domine et la dépasse ?

L'humanité est forgée par des siècles soudés. La succession des efforts a seule produit la grandeur des résultats et seule a préparé l'illumination de l'avenir. Ne craignons pas de saluer les grands ancêtres quand ils passent.

Le moine de Clairvaux, son pape sous le bras, conquit pour lui la France, l'Angleterre, l'Allemagne, et les châteaux et les provinces, et les seigneurs et les paroisses ; en huit ans, il sapa le trône d'Anaclet et mit à sa place Innocent II. Il avait au début contre lui tous les rois et tous les peuples, et les grands seigneurs féodaux.

Il avait pour lui le droit, cette perle de la conscience. Et toutes les puissances, les plus brutales et les moins dignes, fléchirent le genou devant.

Voyons, comparons les hommes. Mesurons-les sous
la même toise. Nous venons de dire ce que fit le moine
de Clairvaux.

Depuis vingt ans, tous les libre-penseurs qui sous le
manteau de la Franc-Maçonnerie livrent la France à
l'exploitation de la haute banque juive, non seulement
n'ont pu séparer les Eglises de l'Etat, mais ils n'ont
même pas obtenu la suppression du traitement de notre
ambassadeur au Vatican. O honte, ô dérision !

Ah ! nous leur souhaitons un saint Bernard à ces dis-
ciples de sainte Opportune ! De quels coups de fouet mé-
rités il cinglerait leur faiblesse et leur pusillanimité !

*
* *

Il nous reste à étudier la doctrine théologique du
moine de Clairvaux — Elle n'est du reste pas complexe
et nous l'avons caractérisée déjà au cours de cette étude
en disant que Bernard n'avait qu'un rêve, c'était de
ramener l'Eglise en arrière, à la doctrine des premiers
évangélistes. Son *Traité de la considération*, qu'avec
beaucoup d'à-propos, M. de Bonnefon appelle « *le Ca-
téchisme des papes* », résume admirablement cette ten-
dance.

Bernard apparaît ici comme l'exécuteur testamen-
taire du Christ. De même que celui-ci chassait les vendeurs du Temple, celui-là chasse de la Cour pontificale
les plaideurs, les calomniateurs, les puissants, les pharisiens qui l'encombrent.

Ecoutez ces lignes que Victor Hugo signerait et qu'il
adresse au pape : « Un homme insensé sur le trône
« n'est qu'un singe sur un toit.... C'est une chose
« monstrueuse qu'une dignité suprême et un esprit
« étroit ; un poste éminent et une conduite ignoble ;

« une langue diserte et une main inutile; un discours
« éloquent et des actes stériles; un visage grave et une
« vie légère; une autorité souveraine et une résolution
« vaine et chancelante ».

Et plus loin : « Qu'importe que vous soyez Souve-
« rain-Pontife?— Parce que vous êtes Souverain-Pon-
« tife, seriez-vous pour cela parfait? Apprenez que
« vous êtes le dernier des hommes si vous vous per-
« suadez en être le premier........ Vous occupez le
« siège de Pierre. Or, on n'a point appris que celui-là
« se soit jamais montré au peuple orné de pierreries,
« couvert de soie ou chargé d'or, ni monté sur une
« blanche haquenée, ni escorté de soldats, ni environné
« d'un bruyant cortège de serviteurs.... ».

Les premiers seront les derniers, a dit le Christ. Bernard veut que le pape fasse de même et élève aux plus
hautes fonctions ecclésiastiques les plus humbles prêtres et les plus modestes croyants, et les plus pauvres
clercs : « Ceux-là, dit-il, ne regarderont pas les mains
« de ceux qui se présenteront, mais l'urgence de leurs
« affaires. Ils défendront courageusement l'opprimé et
« protégeront par leurs jugements l'homme inoffensif
« et timide... ils ne courront pas après l'or... ils ins-
« truiront le peuple au lieu de le dédaigner; ils feront
« trembler les riches au lieu de les flatter, prendront
« soin des pauvres, loin de leur être à charge; mépri-
« seront les menaces des grands, loin de s'en
« effrayer. »

En un mot, le moine de Clairvaux, comme le Christ
onze cents ans avant lui, oppose la démocratie au césa-
risme, le droit du peuple aux privilèges, et si l'Eglise
catholique avait suivi cette doctrine émancipatrice, qui

a la justice à sa base et le devoir à son faîte, toute l'Europe serait républicaine depuis cinq cents ans. Car, du XIIᵉ au XVIᵉ siècle, ne l'oublions pas, la puissance populaire est restée au Vatican.

Remplacez y les Borgia par des Bernard, et la civilisation monte au lieu de reculer et le moyen-âge, ce réprouvé de l'histoire, au lieu de se présenter à nous plus sombre et plus sanglant que l'enfer du Dante, ouvre la porte à l'humanité et prépare l'avènement de la démocratie.

Et maintenant, nous sommes à notre aise pour apprécier la lutte du démocrate Bernard, moine de Clairvaux, contre le révolutionnaire Abeilard et son disciple Arnaud de Brescia.

Le grand historien national Michelet ne nous paraît pas avoir suffisamment dégagé les deux doctrines.

Est-ce parce qu'elles étaient en somme toutes deux théologiques et avaient à leur base cette expression si funeste aux hommes : Dieu?

Est-ce au contraire parce que, — l'irruption féroce de l'Inquisition les ayant étouffées presqu'à leur aurore, — il ne les considérait que comme des étoiles filantes, et dédaignait d'en graver la marche éclatante sous les portiques de l'histoire?

Abeilard était un homme. Bernard était un moine. Bernard avait un vice, un principe faux, anti-naturel, anti-social : la chasteté. Abeilard avait une femme : Héloïse; une charmante compagne qu'il aimait en homme, qui l'adorait en femme ; Bernard était buté contre le dogme absurde et sec, Abeilard était sorti du dogme pour entrer dans la nature.

Bernard n'est pas complet. Chez lui, le corps gêne

l'esprit. Abeilard le corrige et pose la vie en face de la mort, la fécondité devant la stérilité.

Abeilard était un savant de premier ordre, un érudit, un orateur châtié, profond, un dialecticien consommé, un charmeur, un garçon superbe ; Bernard n'avait pour lui qu'une conscience droite, sévère, de l'audace et une volonté de fer. Mais l'éducation étroite, mesquine, d'un mysticisme exagéré qu'il avait reçue des chanoines de Châtillon, avait arrêté dès sa jeunesse le développement de son jugement.

Bernard était un athlète, par nature, par tempérament. C'était l'orage déchaîné, la tempête qui gronde et soulève la mer.

Abeilard était la source inépuisable, bienfaisante, qui coule à pleins bords, dans les fleurs, sinueuse autour des collines, fertilisant tout et ne broyant rien.

Abeilard ramenait la religion à la philosophie, à la morale, à l'humanité. Bernard, au contraire, ramenait l'humanité, la morale et la philosophie à la religion. Bernard était l'apôtre de la Réaction, Abeilard la trompette de la Révolution.

Accordez donc Robespierre et Camille Desmoulins ! Bernard a tué Abeilard. Robespierre a guillotiné Camille Desmoulins. Abeilard était le roseau, Bernard le chêne : le roseau se balance toujours et le chêne est brisé.

Dijon, imp. Aubry. BERTHOUD, succr

www.ingramcontent.com/pod-product-compliance
Lightning Source LLC
LaVergne TN
LVHW052150080426
835511LV00009B/1782